FACULTE DE DROIT DE PARIS.

Thèse

pour le Doctorat.

—

L'acte public sur les matières ci-après sera soutenu,
le vendredi 29 août 1845, à deux heures,

Par H.-C.-R. des COURTILS de MONTBERTOIN,
né à Paris,

AVOCAT A LA COUR ROYALE DE PARIS.

Président, **M. DUCAURROY**, Professeur.

Suffragants,	**MM. DURANTON,**	Professeurs.
	ROYER-COLLARD,	
	OUDOT,	
	MACHELARD,	Suppléant.

*Le Candidat répondra en outre aux questions qui lui seront faites
sur les autres matières de l'enseignement.*

PARIS.

VINCHON, FILS ET SUCCESSEUR DE Mme Ve BALLARD,
Imprimeur de la Faculté de Droit,
Rue J.-J. Rousseau, n° 8.

—

1845.

A MON PÈRE, A MA MÈRE.

JUS ROMANUM.

Donatio definitur liberalitas nullo jure cogente, in accipientem collata, sive aliquid detur, sive quis aliquid dare aut facere se obliget, quæ nomen a dono quasi *doni datio*, habuit; tracta a Græcis, nam hi dicunt : δωρον και δωρεισθαι. — Primis temporibus mortis causa donatio non justa transferendi dominii causa, sed translati dominii ratio fuit; communibus autem datio perficiebatur modis, mancipatione, vel in jure cessione, vel traditione. Donandi vero conventio prorsus inutilis erat nisi intervenisset stipulatio, ex qua obligatio nascebatur. Et donator per condictionem certi vel ex stipulatu actionem pro natura rei promissæ conveniebatur. Recentius vero et aliud adquisitionis genus donatio fuit. — In summa dividuntur donationes, mortis causa et non mortis causa receptæ; in quibus donatio inter vivos, donatio inter virum et uxorem, donatio propter nuptias. — De donationibus non generalia tractandum est, sed de quibusdam earum regulas exponemus.

I. — DE MORTIS CAUSA DONATIONIBUS ET CAPIONIBUS.
(Dig., lib. 39, tit. 6.)

Quæ sit mortis causa donatio et quomodo dividetur, quam for-

mam sollicitet, qui sunt effectus, qui, cui et quod mortis causa donare possunt, quomodo revocetur, denique mortis causa quæ sint
cæteræ capiones videamus.

§ 1. — De natura et divisione mortis causa donationum.

Mortis causa donatio est, quæ fit propter mortis suspicionem, et
sub ea conditione, ut res donatæ donatoris perfecte fiant cum mors
fuerit insecuta ; inde dicitur se donator quam eum cui donat, sed
eum qui donat quam heredem suum, melius habere. Sic apud Ho-
merum donatio sæpius citata Telemachi.

Hæc donatio longe differt ab illa absoluta donatione *inter vivos*
dicta, quæ plenissimum ab initio habet robur et effectum. Quaprop-
ter præcipue hoc in donationibus definiendum est, multum interesse
si mors causa donandi fuit an conditio. Hinc , si quis mortis quidem
cogitatione donat, absolute vero, non tam mortis causa quam mo-
riens donare videtur, et ideo perinde habetur atque alius quivis inter vivos donator, et nullo casu revocetur illa donatio qua qui donat
donatarium potius quam se habere maluit.

Plurimi tres esse species mortis causa donationum aiunt. Unam,
cum quis nullo præsentis periculi metu conterritus, sed sola cogitatione mortalitatis donat. Aliam esse speciem aiunt cum quis immi-
nente periculo commotus ita donat ut statim fiat accipientis. Tertium
genus est donationis, si quis periculo motus non sic det, ut statim
rem faciat accipientis, sed tunc demum cum mors fuerit in hoc casu
insecuta. Dum vero in hac donatione mors inspicitur, non solum
donatoris ipsius, sed etiam aliquando alterius personæ mors inspici
potest.

Mortis causa donare licet, non tantum infirmæ valetudinis causa,
sed periculi etiam propinquæ mortis vel ab hoste, vel a prædonibus,
aut per insidiosa loca iturus, vel navigationis ineundæ; hæc enim
omnia instans periculum demonstrant (l. 3, ff. 39, 5).

In dubio magis inter vivos quam mortis causa factam præsumi
donationem videtur, nisi appareat propter mortis suspicionem.

Cum autem dubitaverunt veteres jurisconsulti utrum mortis causa donatio, inter negotia quæ inter vivos fiunt, an inter legata et fideicommissa connumeraretur, omne dubium explosum esse vellens Justinianus, ut per omnia *fere* legatis connumerari jussit; ita legatorum ad exemplar infirmatur. Per æs alienum, Falcidiæ sustinet onus, fideicommissis gravatur, et legibus Juliæ et Papiæ-Poppeæ subjicitur (l. 37, 17). Hæ autem differentiæ exeunt; legatum est enim ultima voluntas, mortis causa donatio perficitur inter consentientes vivos. — Donatio non veluti legatum ab hereditatis aditione pendet, sed sola donationis morte confirmatur. — In mortis causa donationibus, an quis capere possit non tempus donationis, sed mortis tantum inspiciendum est; cum contra in legatis, tempus factionis testamenti spectatur. — Inter præsentes et mutuo consentientes fieri debet, mortis causa donatio, dum legatum in absentem et inscium conferri liceat.

§ 2. — Quid, a quo, et qui mortis causa donare potest.

Quæcumque res in patrimonio nostro esse possunt recte donantur, sive corporales, sive incorporales, sive singulæ, sive universitates. Nec mortis causa nomen remitti, aut servum manumitti, dubitandum est; quod autem non intelligendum est, ut servus statim liber fiat, et, si convaluerit dominus, esse desinat; libertas enim semel data non revocatur, in suspenso tantum esse potest.

Tam is qui testamentum facit quam aliquando etiam qui non facit, mortis causa donare potest, unde filiusfamilias qui non potest facere testamentum nec voluntate patris, tamen mortis causa donare potest, patre consentiente (l. 25). Omnibus mortis causa capere permittitur, qui scilicet et legata accipere possunt (l. 9); id est, cum quibus testamenti factio est; his enim acquirere sibi aut alio permittitur. Inde dabuntur ea tantum quæ donatoris vere fuerint in tempore mortis : igitur nemo erit liberalis, nisi liberatus. Rei donatæ alienatio revocatione æquiparatur.

§ 3. — De forma et effectu mortis causa donationis.

Recte donatio fieri potest non solum si rem, symbolumve rei ipse donator donatario tradat, aut per interpositam personam, quæ post mortem donatario det; sed etiam extra ullam traditionem. Ex constitutione Justiniani mortis causa donationes coram quinque testibus celebrari debent, sive in scriptis fiant, sive absque scriptis et dum hujusmodi donationes, donationum instar inter vivos, actis firmari et insinuari jusserat Constantinus, sanxit Justinianus insinuatione non indigere (Cod., 8, 57, 4).

Cum in primis donandi conventio prorsus inutilis erat; postea nuda voluntas inter parentes et liberos e divi Pii constitutione vim legitimi pacti habuit et condictionem e lege donataria peperit ad rem sibi tradendam. Et Justinianus remissa solemnitatis conditione, constituit: « Omnes effectus sortiri quos habent ultimæ liberalitates. » Unde distinctio hæc habenda : quamdiu vivit is qui donat, communibus modis dominium rei donatario acquiritur; nec donatio (servato in hoc jure antiquo), est proprium acquisitionis genus, sed potius acquisitionis propria causa; pactumque rem statim accipientis fieri, obligationem solum et in personam actionem adversus eum qui donavit trahit. Mortuo autem donatore, proprium fit genus acquirendi, instar legati, causa mortis donatio; statimque, nulla etiam interveniente traditione, ipso jure, dominium vindicationemque rei ad donatarium transfert.

Si vero ad eas conventionum species ex quibus nascitur obligatio pertinet donatio, acceptilatione vel simplici pacto debitum a creditore remittitur. Per acceptilationem extinguitur; pactum autem, adversus consistentem creditoris actionem, parit conventi vel doli mali exceptionem.

§ 4. — De mortis causa donationum revocatione.

Mortis causa donationes quæ post mortem perfectæ fiunt, usque ad mortis tempus imperfectas esse et revocationi submissas dicimus. Rovocantur etenim mortis causa donationes :

1° Ex convalescentia donatoris, scilicet cum hac mente facta sint.

2° Ex sola pœnitentia, etiam dum pendet an convalescere possit donator (l. 16).

3° Si moriatur donatarius ante donatorem (l. 13).

4° Ære alieno et si debitor consilium creditorum faudandorum non habuisset, avelli tunc res mortis causa a debitore donata debetur. Nam cum legata ex testamento ejus qui solvendo non fuit, omnimodo inutilia sint, possunt videri etiam donationes mortis causa factæ, rescindi debere : quia legatorum instar obtinent (l. 17).

5° Si pœna capitis affectus est qui donaverit, removetur donatio ut imperfecta.

Si revocetur donatio causa mortis, in rem, tum condictionem, tum utilem actionem habebit donator. Si pœnitentia ductus, condictionem vel utilem actionem habebit (l. 30). Quum certum corpus donatum est et extet, ipsum condicitur; si non extet pretium ejus, sciebat enim donatarius posse rem sibi condici, conditionis eventu (l. 39). Si qui invicem, sibi mortis causa donaverunt, pariter decesserunt, neutrius heres repetet : quia neuter alteri supervixit (l. 26). Si alienam rem donavero, usucapta fuerit; verus dominus eam condicere non potest, sed ego, si convaluero (l. 13), nam qui usucepit non ab eo videtur cepisse, cujus res fuisset; sed ab eo qui occasionem usucapionis præstitisset.

Mortis causa donationibus, Marcello auctore, notandam in primis esse facti quæstionem dicimus; inde si quæsieris, cum filiofamilias mortis causa donatum sit et vivo donatore moriatur filius, dum superest pater, quid sit juris? dicendum morte filii condictionem competere, si modo potius filio quam patri donaturus dederit, alioquin si quasi ministerio ejus pater usus sit, ipsius patris mortem spectandam esse ; idque juris fore etsi de persona servi quæratur.

Si mortis causa donatus est fundus, et in eum impensæ necessariæ atque utiles factæ sint : fundum vindicantes doli mali exceptione summoventur, nisi pretium earum restituant.

§ 5. — De mortis causa capionibus.

Mortis causa capitur, cum propter mortem alicujus capiendi occasio obvenit, exceptis his capiendi figuris quæ proprio nomine appellantur. Certe enim et qui hereditario aut legati, aut fideicommissi jure capit, ex morte alterius nanciscitur capiendi occasionem; sed quia proprio nomine hæc species capiendi vocatur, ideo ab hac definitione separantur (l. 31). Istius generis est ea pecunia quæ vel heredi seu adeundæ hereditatis seu non adeundæ, vel legatario ut omittat legatum datur, vel ab heredibus legatariisve statu liberisve implendæ conditionis gratia solvitur.

Magnum autem inter mortis causa donationes capionesque discrimen est ; est enim mortis causa donatio, cum quis præsens præsenti donat ; ignoranti vere vel absenti mortis causa capio fieri potest; quod non cadit in speciem donationis. Id accidit quod quis sit heres institutus, si mihi decem dederit : nam accipiendo ab eo qui heres institutus est, conditionis explendæ ejus causa, mortis causa capio.

II. — DE DONATIONIBUS ANTE NUPTIAS VEL PROPTER NUPTIAS ET SPONSALITIIS.

(Cod. lib. 5, tit. 3.)

Pluribus modis sibi invicem donare possunt spe nuptiarum sponsi sponsæve : aut enim donatio eo animo fit quo statim res fiat accipientis : quæ donatio quidem in sponsalitiis constituitur; aut dotis compensandæ gratia, quæ donatio ante nuptias et postea propter nuptias dicta est. Primum de sponsalitiis dicemus.

§ 1er. — De sponsalitiis.

Sponsalitia censemus quamdam simplicem esse donationem quæ sponsalia comitatur et a sponso in sponsam, vel (quod rarius accidit) a sponsa in sponsum confertur, propter spem futuri matrimonii, ad amorem conciliandum.

Quam simplicem dicimus donationem. Unde ex hac causa traditæ rei dominium in donatarium transit; atque, si quid stipulanti sponderit donator, obligetur. Perfecta donatio est, nec potest a donatore revocari etiam adveniente aliqua sorte quæ matrimonium postea distraxerit, nisi expressa fuerit aliter pactione conventum.

De illis donationibus quæ largiendi animc inter sponsos sponsasque jure celebrantur, decrevit Constantinus : ut si sponsus vel parentes ejus, sortiri filium uxorem nollent, id quod ab eo donatum esset non repeteretur. Quod contra si sponsa vel is in cujus ageret potestate, non contrahendi matrimonii causam præberet, tunc sponso quæ data essent, per condictionem aut per utilem actionem redhiberentur. Pariter revocata sunt munera sponsalitia sponsæ a sponso facta, si mulier sponsum in dote fefellit.

Nullius unquam momenti fuit quod sponsæ vel sponso ea lege datum, ut tunc solummodo dominium adipiscetur, cum nuptiæ fuerint secutæ. Simplices namque inter virum et uxorem prohibentur donationes. Cum ipso die nuptiarum donatum, videndum est : si mulier tunc in sua domo erat, in sponsam videtur collata donatio, quæ valet; sin autem in domum viri ducta, tanquam in nuptam censetur pacta donatio et ideo irrita.

Sic recenti jure, a veterum sententia, qua, sponsalitia munera, nuptiis quoque non secutis valebant, recessum fuit. Nam Constantinus nuptiis non secutis absque culpa donantis repetitioni munerum locum dedit.

Si post sponsalitias, alteruter obiisset, videndum est an osculum intervenisset; osculo quidem interveniente dimidia pars ad superstitem attigit, dimidia ad hæredes defuncti cujuslibet gradus sint et quocumque jure successerint; osculo contra non interveniente infirmatur donatio.

Id notatur discriminis inter sponsalitias et arrhas sponsalitium, scilicet quod arrhæ non dationes, sed pignora sunt contrahendi matrimonii, ita ut ab eo qui dedit amittantur si causam non contrahendi matrimonii præbuit; si contra causam præbuit altera pars, vel in quadruplum, vel in duplum restituantur.

Si donationibus propter nuptias opponemus sponsalitiæ, hæ sunt observandæ differentiæ :

Donatio perfecto quidem matrimonio, in dotis compensationem facta, soluto matrimonio restitui debet ; sponsalitiæ vero propter affectionem et sub conditione subsequentis matrimonii factæ videntur, manebantque penes accipientem, veteri jure; ita ut nullo casu revocari licebat.

§ 2. — De donationibus ante nuptias et propter nuptias postea dictis.

Aliud est genus donationis quam sponsus futuræ uxori facere potest, præcipue dictam *ante nuptias*.

Hæc donatio, veteribus prudentibus penitus incognita, a junioribus priucipibus introducta in usum frequentem venit. Ea est quæ sponso in sponsam vel marito in uxorem confertur, dotis compensandæ causa in securitate ac remuneratione dotis; tacitamque conditionem continere intelligitur, ut tunc demum rata sit, cum matrimonium fuerit insecutum.

Apud veteres, ante nuptias hæc donatio vocabatur, quia ante matrimonium efficiebatur et nunquam post nuptias celebratas procedebat (Instit. lib. 2, tit. 7, 3), prohibitis inter virum et uxorem donationibus. Sed Justinus, cum augeri dotem post matrimonium permissum fuisset, si quid tale evenerit, etiam ante nuptias donationes et constante matrimonio augeri, a marito aut a quolibet alio, de novo etiam constitui permisit.

Sed etsi e contrario maritus et uxor ad diminuendam dotem consensissent, licuit et ante nuptias donationem minuere pariter ; excepto tamen casu secundarum nuptiarum, vel mulieris, vel mariti, liberis præcedenti matrimonio exstantibus, nam tunc interdicta fuit diminutio dotis et ante nuptias donationis, ne aliquid adversus filios prioris matrimonii, machinari videretur (Cod. 19).

Justinianus institutionem imperatoris Justini extendens, cum donationes ante nuptias fieri et augeri jussisset, ita tamen esse voluit ut donatio non excedat quantitatem dotis erogatæ ab uxore; et ejus nomen reformans donationem *propter nuptias* vocari statuit. Hoc tamen observandum est : si non obæratus maritus , licet tam in mobilibus quam in immobilibus dotem augere ; sin autem eo tempore quo dos aucta dicitur maritus ære alieno oneratus , tunc omnino res immobiles incremento dotis proficere : sic Justiniano humaniter visum est ne fraus creditoribus adhibeatur.

Donatio propter nuptias antipherna dicitur ; quia fit a marito , compensandæ dotis causa , et transit ad uxorem sicut et dos ad maritum et in ejus dominio est ; solutoque matrimonio dos et donatio propter nuptias similiter restituuntur. Non tamen eodem modo , maritus et uxor fructus rei donatæ lucrantur, nam uxor rem donatam , postquam de dote sibi satisfactum est, restituere debet , et quidquid lucrata est propter donationem : maritus vero perceptos dotis fructus in dominio habet , quia solus onera matrimonii sustinet.

Ut dotem mulier, ita et propter nuptias donationem vir ad sustinenda matrimonii onera offert; qua de causa vir, constante matrimonio , res a se propter nuptias donatas sicut et dotales res possidebat , iisque fruebatur. Atque , etiam consentiente se, alienatas et pigneratas a viro uxor per actionem petere poterat, ut in possessionem mitteretur et frueretur, nam per donationem nuptialem , salvam fore dotis cavetur; si ergo maritus ad inopiam vergat, uxor poterit donationem adversus omnes possessores , vindicare.

Ex Leonis et Anthemii constitutione, pacta de lucrando, super dotem et donationem propter nuptias interposita debent esse æqualia in quotquot, non in quantum, a quocumque dos aut donatio detur, qualescumque differentiæ exstent inter dotis et donationis pretium. Justinianus, Leoniana constitutione emendata, æqualitatem, non jam in parte, sed in pecunia adhiberi, jussit : nec tantum in lucris exinde venturis, sed etiam in præstatione et constitutione utriusque. Unde non licitum solummodo ut ante, sed imo necesse fuit, si dos augeatur, donatio quoque aucta fieri ne subvertere æqualitas.

Secundarum in odio nuptiarum decretum est, si quid apud maritum ex dote, vel apud uxorem, ex donatione resedisset, illud si ad secundas nuptias migravissent, liberis prioris matrimonii intactum servari; nec amplius donari, secundæ uxori quam unicuique filiorum etiam cui minus daretur. Addendum est eumdem superstiti lucrum stipulatum et in dote, et in propter nuptias donatione, esse deberi.

Olim indistincte insinuanda erat, ante nuptialis donatio nisi minoribus ætate feminis collata esset; insinuationem non necessariam esse voluit Justinianus, ne maritis donationis propter nuptias insinuationem supersedentibus, detrimentum uxores caperint.

III. DE DONATIONIBUS INTER VIRUM ET UXOREM.
(Pauli Sentent., lib. ii, tit. 23;)

Ex antiquis majorum moribus, apud Romanos receptum est, ne inter virum et uxorem donationes valerent; ea ratione, ne mutuo amore invicem spolientur donationibus non temperantes et profusa erga se facilitate; aut ne concordia pretio conciliata pacemque convicio facto emisse videretur, dum sæpe eveniret ut ea discuterentur, si non daret is qui posset. Unde melior in paupertatem invitus incideret et deterior per calumniam ditior fieret.

Omnes justi conjuges, exceptis Augusto Augustaque, prohibitione tenentur. Prohibetur quidquid fecerit omiseritve conjux, ut alterum cum suo damno locupletaret.

Sub alii contractus specie simulata, veluti per imaginarias venditiones, vel per interpositas personas donatio facta, nullius est momenti; quod si tantum contractus aliquid donationis continet, in eo duntaxat quod donationis habet infirmatur.

Indirectam negotium continere donationem potest, quo res æstimatæ in dotem conferuntur, si iniquo pretio æstimantur.

Stet vero inter virum et uxorem donatio : si forte accidit ut non valeat matrimonium si aliarum rerum personarumve mixta sit causa se separationi non locum invenitur.

Divortii causa donationes inter virum et uxorem receptæ sunt; qua tantum permittuntur sub ipso divortii tempore non ex cogitatione futuri divortii factæ.

Exilii causa donationes concessæ sunt.

Ubicumque donator non diminuit de facultatibus suis, vel etiam si diminuat, locupletior tamen non fit qui accipit, donatio valet. Item si sepulturæ causa datum; si uxor adipiscendæ marito dignitatis gratia donet, vel ut ad militiæ gradus promoveatur. Manumissionis gratia inter virum et uxorem donatio favore libertatis recepta est, vel certe, ait Paulus, quod nemo ex hoc fiat locupletior. Item donatio quæ fit conjugi magis in sarciendo damno quam in lucro faciendo, velut ad reficiendas ædes quæ incendio consumptæ sunt.

Inter virum et uxorem mortis causa donationes præcipue receptæ sunt, quia quo tempore evenit donatio, vir et uxor esse desierunt. Res enim non statim fiunt ejus cui donatæ sunt, sed tunc demum cum mors insecuta est; et si primus decesserit donatarius, nihil actum est.

Cum in primis simplices donationes inter virum et uxores nullæ declarabantur, censuit Antoninus, oratione in senatu habita, Paululum a juris rigore rescessurum; valuerunt inde donationes testamento relatæ. Postea sufficere dictum est donatorem non pœnituisse et voluntatem liberalitatis faciendæ usque ad supremum vitæ exitum servavisse. Surgit vero pœnitentiæ indicium si donator res donatas alienaverit aut pignori dederit.

Revocetur quoque donatio si divortium intercesserit, divortium enim præsumptionem mutatæ voluntatis inducit, vel si prior decesserit donatarius.

DROIT FRANÇAIS.

DES DONATIONS FAITES A L'OCCASION DU MARIAGE.
(Code civil, livre III, titre II, chap. 8 et 9.)

Si les successions légitimes et les transactions civiles et commerciales sont les modes les plus fréquents et les plus naturels de transmission de propriété, les mutations à titre gratuit, au contraire, n'ont point paru au législateur français dignes d'une grande faveur ; dictées souvent par un mouvement spontané et irréfléchi, quelquefois arrachées à la faiblesse, atteignant rarement le but proposé, les donations devaient être l'objet de sages prescriptions qui en diminueraient le nombre, en régleraient l'exercice ou en modifieraient les effets. Aussi les dispositions du titre des donations entre-vifs et des testaments ont-elles pour but principal de resserrer le droit de disposition dans de justes limites, et de multiplier les garanties pour les contractants.

En principe, toutefois, le droit de se dépouiller au profit d'un autre a été reconnu. La loi a été plus loin encore ; elle a promis force exécutoire aux dispositions de volonté dernière qui, brisant l'ordre légal des successions, investirait de la fortune et des droits d'un défunt l'homme qu'il aurait désigné pour son successeur ; de là les testaments.

Mais quand la faculté de disposer de ses biens s'est trouvée en présence des convenances, des justes prétentions, des nécessités de famille, le législateur a pris soin de déterminer les limites du droit de disposition et celles du droit de réserve, en proportionnant ce dernier au degré de parenté des réservataires. De plus, les relations civiles ou naturelles des contractants ont été examinées, et de ces rapprochements sont nées des règles particulières qui viennent encore restreindre les dispositions du contrat de bienfaisance ; c'est ainsi que la loi protège les donateurs contre l'influence que pourraient exercer un tuteur, un médecin, ceux qui sont appelés à donner des secours. Ainsi, les prérogatives de la filiation légitime ont fait limiter la faculté de disposer au profit des enfants naturels ; et les dons qui doivent soutenir les établissements de main-morte ont été soumis à la condition d'une autorisation du gouvernement, qui peut ainsi mettre des bornes à un accroissement indéfini de richesses. Il fallait en outre atteindre, jusque dans leurs voies détournées, les dispositions de l'homme cherchant à éluder la loi. Les donations déguisées sous la forme d'un contrat à titre onéreux, les donations indirectes tentées par l'entremise de personnes interposées, ont été frappées de nullité, et l'on peut regretter que la jurisprudence de la cour de cassation, en maintenant les donations déguisées, se soit écartée, ce semble, de l'esprit du législateur.

Si les mutations à titre gratuit n'ont point paru favorables, il faut s'empresser d'ajouter que cette défaveur ne frappe point toutes libéralités ; il en est que le législateur a appelé de tous ses vœux et encouragé par tous les moyens dont il pouvait disposer. Ainsi, les règles fléchissent, les prohibitions tombent pour faciliter la conclusion du plus libre, du plus complexe, du plus solennel de tous les contrats.

En réglant les conditions de l'union légitime et indissoluble de l'homme et de la femme, le contrat de mariage assure l'existence de la famille, fixe la vie privée et sert par là de fondement à la société civile. Aussi, ce ne sont pas seulement les parents, mais encore les étrangers qui sont appelés à doter les futurs époux. En faveur de tels donataires, le législateur ne craint pas que l'on se dépouille inconsidérément ; il ne s'agit pas ici d'obéir à un mouvement spontané de générosité, de subir l'entraînement des affections, mais d'assurer l'existence d'une famille nouvelle, de réaliser le vœu de la loi civile et celui de la loi morale, en facilitant la filiation légitime.

Les dérogations aux règles générales des donations, introduites en faveur du mariage, sont l'objet des chapitres VIII et IX du Code. Dans l'un, nous examinerons comment le législateur a cherché à former un capital au profit de la société conjugale, et dans l'autre, comment il a permis de faire la répartition de la fortune pour fixer le sort de l'époux survivant.

PREMIÈRE SECTION.

Des donations faites par contrat de mariage aux époux et aux enfants à naître du mariage.

La variété des dispositions permises en faveur du mariage rend difficile la tâche de celui qui veut en reconnaître le caractère, en préciser la nature, en indiquer les effets, et cependant il importe de les distinguer toutes, de les graduer d'après leurs modalités et leur étendue, depuis la donation entre-vifs actuelle et irrévocable, jusqu'aux engagements les plus faibles bien peu différents d'une simple promesse. En effet, tandis que la donation entre-vifs, la plus facile à concevoir dans son objet, dans son étendue, dans ses effets, est la seule qui soit autorisée à l'égard de toute personne, on a été plus loin à l'égard des futurs époux, en permettant de leur transmettre des droits incertains;

Quant à leur étendue,

Quant à leur objet,

Quant à leur éventualité.

Et toutefois il faut qu'il y ait *droit*, et non pas seulement espoir de droit. Car il doit y avoir quelque chose de nouveau dans la position des contractants, le donataire a dû acquérir un droit dont le donateur a dû se démettre sans pouvoir directement le ressaisir.

Malgré leur variété, les donations par contrats de mariage sont soumises à des règles communes; toutes aussi participent à certaines faveurs. Non révocables pour cause d'ingratitude, elles ne sauraient être annulées pour défaut d'acceptation expresse, mais elles sont soumises aux lois de réserve et de réduction ; elles sont révoquées par la survenance d'un enfant (960), caduques enfin si le mariage ne s'en suit pas (1088), ou si le donateur survit au donataire et à sa postérité issue du mariage (1089), à moins qu'il ne s'agisse d'une donation entre-vifs de biens présents (1081), et la preuve de survie, dans le cas d'ouverture du droit, doit être faite par les héritiers du donataire.

On range généralement en quatre catégories, dans l'ordre graduel du Code, les dispositions autorisées par contrat de mariage :

1° Donations entre-vifs de biens présents (art. 1081).

2° Donations de tout ou partie des biens que le donateur laissera à son décès et que l'on appelle : institutions contractuelles (1082, 1083).

3° Donations faites cumulativement de biens présents et à venir (1084, 1085).

4° Donations soumises à des conditions potestatives de la part du donateur (art. 1086).

I.

DONATION DE BIENS PRÉSENTS.

« Toute donation entre-vifs de biens présents, porte l'article 1081, quoique faite par contrat de mariage aux époux ou à l'un d'eux, sera soumise aux règles générales prescrites pour les donations faites à ce titre. Elle ne pourra avoir lieu au profit des enfants à naître si ce n'est dans les cas énoncés au chapitre VI du présent titre. »

Il semble que ce ne soit que pour mémoire que le législateur ait parlé dans un chapitre d'exception des donations entre-vifs. Elles sont de toutes les dispositions, celles qui doivent subir le moins d'altération par leur annexion au contrat de mariage. Mais c'est ici le lieu de caractériser la nature d'une donation dans toute sa pureté, car les autres dispositions ne présenteront point la même simplicité.

Il y a donation entre-vifs par contrat de mariage, lorsque le donateur se dépouille actuellement et irrévocablement de la chose donnée en faveur des futurs époux ou de l'un d'eux qui sont toujours réputés acceptants. C'est donc le dépouillement actuelle et irrévocable qui donne à la libéralité le caractère de donation entre-vifs. Il y a dès lors détermination possible du droit cédé, son objet est certain, il ne saurait accroître ou diminuer par la volonté du donateur quel que soit du reste le délai d'exécution. La réserve de l'usufruit, si fréquemment usitée, ne met point obstacle à l'irrévocable démission du droit qui revient transmissible et vénal entre les mains des donataires, à moins que le donateur ne se soit réservé le droit de retour dans les cas par lui déterminés.

Bien que la confection de tout acte authentique suffise en principe pour valider une donation entre-vifs, elle devrait, pour participer aux bénéfices des dispositions favorables de notre chapitre, être déclarée dans le contrat de mariage lui-même ou dans un acte qui s'identifierait avec lui par l'observation des formalités prescrites aux articles 1396 et 1397. Quoique faite par acte distinct, s'il résultait des clauses et conditions que la donation n'était consentie qu'en vue d'un mariage déterminé, il faudrait la déclarer caduque si le mariage n'était pas célébré.

Toute personne pourra faire la donation entre-vifs par contrat de mariage en consultant les règles ordinaires de capacité. Mais toute personne ne saurait recevoir par le contrat de mariage; les époux seuls y peuvent être donataires. Toutefois la donation qui leur est faite pourrait être soumise à des conditions qui la rendraient profitable à une personne tierce désignée, et celle-ci, par son acceptation, ferait tomber le droit cédé dans son patrimoine (a. 1121).

Les enfants à naître du mariage ne peuvent figurer dans le contrat comme donataires immédiats, car on ne peut disposer au profit d'êtres qui n'existent pas, et le Code n'a pas admis la dérogation que l'ordonnance de 1731 avait introduite. Des substitutions sont, il est vrai, permises en faveur des enfants à naître, aux termes du chapitre 6 du présent titre étendus par la loi du 17 mai 1826; mais elles ne leur assurent point de droits indépendamment de ceux de l'époux donataire; elles leur en garantissent seulement la transmission.

Ces biens présents donnés entre-vifs peuvent être non seulement des objets déterminés, mais encore une quotité des biens présents; il s'établit alors une société entre le donataire et le donateur qui supportent une part proportionnelle des dettes et peuvent l'un et l'autre demander le partage immédiatement après la célébration du mariage. — Ces donations sont assujéties aux formalités de la transcription et de l'état estimati, dans les cas où elles sont requises.

Il importe de remarquer ici que l'intention des donations de biens présents dans le contrat de mariage permet de les subordonner à telles conditions qu'il plairait au donateur de les soumettre; mais elles perdraient alors le caractère des donations entre-vifs dont nous venons de parler pour dégénérer en dispositions particulières et exceptionnelles, permises seulement par contrat de mariage, et que nous traiterons en dernier lieu, d'après l'ordre rationnel suivi par le Code.

II.

INSTITUTIONS CONTRACTUELLLES OU DONATIONS DE TOUT OU PARTIE DES BIENS QUE LE DONATEUR LAISSERA A SON DÉCÈS.
(1083, 1083.)

Le législateur eût fait peu pour faciliter les mariages, s'il n'eût permis que les donations entre-vifs. Un grand nombre de parents et d'amis sont dans l'impossibilité de témoigner de leurs bonnes dispositions à l'égard des époux par un sacrifice immédiat; une donation des biens à venir, au contraire, favorisera singulièrement les mariages en permettant d'assurer aux futurs époux la succession du donateur sans le dépouiller. Ce mode exceptionnel de disposition à titre gratuit, nous devons le définir, en étudier la nature avant d'en rechercher l'origine, d'en exposer les conditions extérieures de validité ; puis nous examinerons quels en sont les effets par rapport à chaune des parties contractantes ; nous en verrons enfin la réalisation ou la déchéance.

A. *Définition et nature.*—L'institution contractuelle est une disposition entre-vifs et à titre universel qui fait un héritier indépendamment de la loi : c'est donc une obligation que contracte l'instituant envers l'institué, et dans le contrat de mariage de ce dernier, de lui laisser, à titre d'héritier, tout ou partie des biens qui lui resteront au jour de sa mort. La clause d'institution contractuelle forme ainsi une sorte de *testament irrévocable.* C'est aussi à ce point de vue qu'on la définit encore un don irrévocable de succession ou d'une partie de succession fait, par contrat de mariage, au profit des époux ou de l'un d'eux, et, à leur défaut, de la postérité qu'ils doivent laisser de leur mariage.

Le désir de faciliter les unions légitimes a pu seul déterminer le législateur à reconnaître l'existence légale d'une disposition à titre gratuit aussi mixte dans sa nature, aussi incertaine dans ses résultats. Nous y trouvons à la fois un contrat de donation qui, en quelque sorte, ne lie pas, ne dépouille pas, et un testament qui lie et qui dépouille. Il n'y a point d'exemple d'une telle dérogation aux principes généraux ; il n'est point de droit d'une nature aussi mixte, aussi anormale. On croit entendre le donateur dire aux futurs époux : je ne puis m'engager à être libéral, mais si jamais je le suis, ce ne sera qu'envers vous, en votre faveur seule, je me dépouillerai de mon vivant, et si quelques biens se trouvent à mon décès, ce sera vous ou vos enfants qui les recueillerez : je ne veux point d'autres héritiers que vous ; je vous préfère irrévocablement à tous autres.

Parmi les héritiers légitimes, ceux que la loi a déclaré réservataires passeraient seuls avant les donataires de biens à venir par contrat de mariage. Pour eux, en effet, il n'y a pas seulement droit à recueillir une succession dont on n'a pas disposé, il y a droit à la recueillir en partie, nonobstant toute volonté contraire. Pour eux l'exhérédation ne saurait être complète, et quand il s'agit de calculer l'étendue de leurs droits, les donations et les legs sont non avenus. Les legs et les donations, mais ici les donations postérieures seulement, sont aussi non avenues pour l'héritier contractuel dont la position est plus favorable que celle de tout autre héritier légitime, car ce dernier peut être exclu par testament ou voir surgir un héritier plus proche en degré.

La doctrine, en donnant à ce genre de disposition le nom d'institution contractuelle, s'est efforcée d'en indiquer la double nature qui la fait tenir à la fois des testaments et des contrats. Il y a une sorte de mélange d'actes contradictoires, et de ce double caractère naissent de nombreuses difficultés. Quelques auteurs en ont cherché la solution en rapprochant les institutions contractuelles, les uns des donations entre-vifs, les autres des donations à cause de mort. Le plus sage nous paraît être d'éviter toute assimilation complète, de reconnaître, dans l'institution contractuelle, un mode de disposition *sui generis*, dont les effets sont tantôt ceux d'une institution testamentaire, tantôt ceux d'une donation entre-vifs. Quant à son objet, quant à son étendue, le droit de l'institué peut être comparé à celui du légataire avant le décès du testateur ; le point notable de différence naît de l'irrévocabilité de la disposition. Du jour même du mariage l'institué a droit acquis d'être héritier, ce droit est préférable à celui que confère la donation d'un objet déterminé, en ce qu'il peut s'étendre ; mais il est moins certain ; et, par suite, fort souvent moins utile, en ce qu'il peut être restreint dans ses effets jusqu'au néant.

Il importe donc de distinguer *le titre de l'émolument*, le titre est irrévocable : l'auteur de la disposition ne pourra plus aliéner à titre gratuit, si ce n'est comme récompense et pour sommes modiques sans l'appréciation du juge. Quant à l'émolument, il ne saurait être déterminé avant le décès, puisque le donateur conserve jusqu'alors le droit d'aliéner à titre onéreux, et de dissiper ainsi sa fortune. Avant le décès, le donataire ne peut transmettre son droit, mais s'il survit, il devient propriétaire absolu.

L'institution contractuelle ne consiste point en objets spéciaux et déterminés, ni en sommes, car alors ce serait une donation entre-vifs de biens présents. Elle est universelle, ou à titre universel, et c'est en ce point qu'elle mérite le nom d'institution d'héritier.

B. *Origine et historique.* — On a vainement cherché des preuves de l'existence des institutions contractuelles dans le droit romain, qui, par respect pour la faculté de tester, prérogative si précieuse aux yeux des citoyens, maintint dans toute son intégrité le principe : que toutes stipulations, tous contrats qui auraient pour objet les successions futures, doivent être regardés comme nuls et non avenus.

Au moyen-âge s'introduisit, d'abord pour les hérédités militaires ou féodales, puis pour toute hérédité, l'usage de disposer irrévocablement de son hoirie par contrat de mariage ; la plupart des coutumes autorisèrent formellement ces dispositions, et rien n'était plus commun, dans les contrats de mariage de cette époque, que les renonciations et les traités en vue des successions futures.

Sous la législation intermédiaire, les lois du 17 nivôse an II et du 4 germinal an VIII, prohibèrent toutes les dispositions à titre universel, et nommément les institutions contractuelles. L'article 1082 du Code civil est venu ranimer les anciennes dispositions de nos coutumes.

Quant aux questions transitoires auxquelles peuvent donner lieu les changements de législation, elles doivent être résolues par ce principe : que les institutions contractuelles sont régies par la loi du temps où elles ont été stipulées, et l'on doit interroger la loi en vigueur à cette époque pour connaître l'étendue de la capacité de disposer du donateur. L'institution est ainsi à l'abri de toute réduction, par suite des restrictions qu'une législation postérieure pourrait apporter au droit de disposer ; les évènements prévus par la loi ancienne peuvent seuls restreindre ou anéantir l'effet de la disposition.

C. *Conditions extérieures de validité.* — Il est de règle que les institutions contractuelles, admises par faveur et par exception, ne peuvent être faites que par le contrat de mariage ou par un acte qui s'identifierait avec lui ; il pourrait précéder de longtemps la célébration, mais toute institution postérieure serait inutile. Dispensées d'une acceptation expresse, elles ne sont point assujéties à la formalité d'une transcription quant aux immeubles donnés, puisque la disposition ne met point obstacle aux aliénations postérieures ; et quant aux meubles, il n'y a point lieu de dresser un état estimatif, l'institution contractuelle n'étant point une donation d'objets déterminés, restituables en nature ou en valeurs.

D. *Des parties contractantes.* — En général, toute personne capable de disposer de ses biens peut faire des institutions contractuelles ; tous ceux qui sont capables de recevoir des dispositions universelles, le sont aussi d'être institués contractuellement ; mais ils ne peuvent recevoir à ce titre que dans leur contrat de mariage. Ainsi, pour recevoir par institution contractuelle, il faut être existant et se marier ; en outre, pour profiter de l'institution, il faut survivre. Il résulte de là que l'institution ne pourrait être faite seulement au profit des enfants à naître à l'exclusion des époux. Ce n'est que subsidiairement, et à défaut des père et mère donataires, que leurs enfants ou leur postérité issue du mariage profitent de l'institution ; et si nous examinons la disposition au point de vue des enfants, nous voyons : 1° qu'ils sont présumés substitués à l'époux donataire ; 2° qu'ils peuvent être exclus par une clause spéciale ; 3° qu'ils peuvent, au contraire, être favorisés d'une substitution formelle dont leur père ou leur mère serait grevé à leur profit. Sur ce point, la loi du 17 mai 1826 a notablement dérogé au Code civil, en permettant à toute personne, même étrangère, de faire cette substitution et d'en étendre les effets à deux degrés, et surtout en autorisant la substitution faite seulement au profit d'un seul des enfants de l'époux donataire. Toutefois, dans cette disposition, on devra respecter la réserve, car celle-ci doit toujours revenir libre à l'époux réservataire ou à ses héritiers, de quelque mariage qu'ils soient issus.

L'institution contractuelle, par sa force virtuelle, profitera, non seulement aux enfants de l'époux, mais, à leur défaut, aux autres descendants. Ceux-ci devront recueillir en personne l'hérédité contractuelle, et ne seraient point représentés, en cas de prédécès, par des héritiers de leur choix ; mais aussi aucune disposition de leur père, premier institué, ne saurait leur nuire. Par suite de son prédécès, il y a lieu de dire qu'il n'a en quelque sorte jamais été institué, et les enfants viennent recueillir le bénéfice de la donation, non comme héritiers de l'époux leur père ou leur aïeul, mais comme étant eux-mêmes institués ; dans ce cas, l'institution pure et simple leur est, par suite d'une éventualité, aussi utile que l'eût été une substitution expresse ; tandis que si l'époux survit au donateur, il profite lui-même de l'institution. Dès lors s'opère la confusion de l'héritage promis avec le patrimoine antérieur, dont il vient grossir la partie disponible aussi bien que la réserve.

Des difficultés naissent dans l'application de ce principe précédemment posé : que toute personne capable de disposer de ses biens peut faire une institution contractuelle ; car l'étendue de la capacité d'aliéner n'est pas la même pour tous les modes de disposition. Le mineur parvenu à l'âge de seize ans peut distribuer, par testament, la moitié de ses biens, tandis qu'il ne saurait faire une donation entre-vifs. Pourrait-il consentir une disposition contractuelle ? Assimilera-t-on l'institution à une donation entre-vifs ou à un testament ? La femme mariée pourra-t-elle faire, sans autorisation, une telle disposition ? Dans l'une et l'autre espèce, nous croyons devoir décider : que si le mineur âgé de seize ans, si la femme mariée non autorisée, peuvent tester valablement, on ne saurait en induire que les institutions contractuelles soient dans les limites de leur capacité. Nous dirons, après M. Duranton, que le droit de propriété se compose de la disposition et de la jouissance : or, la disposition est grandement altérée lorsqu'on ne peut plus disposer à titre gratuit, même afin de doter ses enfants ; tandis que le don fait par testament n'altère ni le droit de disposition, ni celui de jouissance. Dans l'un et l'autre cas, l'incapacité nous paraît être d'autant plus favorable qu'elle équivaut à une protection. — Conformément à l'article 1304, on aurait dix ans pour intenter l'action en nullité d'une disposition consentie sans capacité suffisante.

E. *Effets de l'institution contractuelle.* — L'institution contractuelle étant valablement faite, nous devons nous demander quelles seront ses effets à l'égard de chacune des parties.

De la part de l'instituant, il y a disposition irrévocable, aliénation d'un droit, celui de faire à l'avenir des libéralités par acte entrevifs ou testamentaires. On peut dire que l'irrévocabilité est la seule conséquence légale directe de l'institution ; sans elle, il n'y aurait rien de fait. Mais le mariage ne pouvant se rétracter, il n'eût pas été juste de permettre la révocation de donations sans lesquelles il n'aurait probablement pas eu lieu. — L'instituant ne peut donc plus anéantir l'institution contractuelle en la révoquant directement ou indirectement ; il peut, il est vrai, faire tous actes d'aliénation à titre onéreux ; il peut même vendre ses biens moyennant une rente viagère ; mais on pourrait attaquer les actes entachés de fraude ; les donations déguisées seraient annulées après la mort du donateur.

L'institué, au contraire, a acquis un droit qu'il n'est au pouvoir de qui que ce soit d'atteindre, car lui-même n'en saurait disposer. Inerte entre ses mains, le droit est éventuel et non transmissible ; survienne la mort de l'instituant, et aussitôt l'institution fait impression sur sa tête ; il devient propriétaire absolu ; la confusion des patrimoines s'opère, si une renonciation ou une acceptation bénéficiaire n'y viennent mettre obstacle, et l'institué n'est plus obligé de rendre à ses enfants les biens donnés, à moins qu'une substitution fidéicommissaire n'ait été stipulée.

Jusqu'à la mort du donateur l'institué n'a eu que l'espoir de bénéfice ; le bénéfice réalisé, surviennent les charges. Une véritable succession s'est ouverte au profit du donataire, et il y a lieu d'appliquer ici les règles ordinaires de succession. L'institué peut alors se trouver en rapport avec des héritiers à réserve, des héritiers testamentaires, des légataires, des donataires et des créanciers, et pour fixer sa position et ses droits, il suffira de se rappeler qu'il tient la place d'un héritier testamentaire, et, de plus, qu'il anéantit, en ce qui le concerne, toute donation postérieure à son institution et, par conséquent, tout legs particulier. Mais si l'institution était universelle, il n'y aurait pas lieu au concours d'héritiers testamentaires. L'institué devra d'abord respecter la légitime des enfants du donateur, s'ils ont survécu ; il contribuera aux dettes et charges en proportion de la part héréditaire qui lui est dévolue ; enfin, si plusieurs institués à titre universel venaient à la succession du même donateur, il y aurait lieu entre eux à l'application du principe des rapports, pourvu que les institutions fussent de même date ; mais si l'une des institutions était postérieure, le donataire devrait respecter les donations faites antérieurement à un premier institué, auquel il avait été promis, il est vrai, de laisser une part déterminée de l'hérédité, mais auquel on pouvait encore laisser une part plus forte, directement par testament ou successivement par diverses donations entre-vifs postérieures au contrat de mariage. Il a été décidé, en effet, qu'une promesse d'égalité faite par un père au profit de l'un de ses enfants, par contrat de mariage, assurait au futur époux sa part intégrale de la quotité disponible, sans porter préjudice au droit que conservait le père de donner plus tard à tel de ses enfants qu'il lui plairait, même au premier donataire, le surplus de cette quotité. Tout institué doit respecter les donations antérieures à son institution, mais, selon nous, si la donation entre-vifs, faite au premier institué, était postérieure à la seconde institution, elle serait soumise au rapport.

Par dérogation aux principes généraux, l'art. 1086 décide que, si l'institué n'avait point disposé d'un objet compris dans la donation et rendu disponible par une réserve, cet objet restera au donataire. Il en serait autrement si l'objet avait été excepté de la disposition contractuelle.

F. *Ouverture et déchéance du droit.* — Nous connaissons la nature et les effets de l'institution contractuelle ; il ne nous reste plus qu'à indiquer les évènements qui lui donnent ouverture et les causes de déchéance. Née de la disposition insérée dans le contrat de mariage, l'institution contractuelle ne tient sa réalisation que d'un évènement postérieur, le décès du donateur; car il y a lieu d'appliquer ici le principe : *non est viventis hereditas*. Les mêmes causes qui donneraient ouverture à une succession ordinaire, la mort civile ou la mort naturelle, donneront également lieu à la réalisation de l'institution contractuelle. Le droit est donc ouvert avec la succession du donateur dont il doit toujours former une fraction, s'il n'emporte pas la totalité; mais il peut être offert à différentes personnes : la première désignée pour recueillir, c'est l'époux donataire, et à son défaut la loi appelle, par une substitution tacite, les enfants de l'institué ou leur postérité. En effet, la mort civile, la renonciation ou l'indignité de l'institué, comme la mort naturelle, feraient passer le bénéfice de l'institution à ses enfants ; mais la survie du donateur rendrait caduque la disposition. Les vices de nullité pourraient être couverts par dix années de silence, aux termes de l'art. 1304.

L'ingratitude et le défaut d'acceptation ne seraient point ici une cause de résolution ; nous en avons trouvé le motif dans la faveur du mariage, faveur qui a dicté toutes les dispositions de ce chapitre.

III.

DONATION DE BIENS PRÉSENTS ET DE BIENS A VENIR FAITE CUMULATIVEMENT.

Nous avons exposé les effets de la donation entre-vifs, rappelée par l'art. 1081, et ceux de la donation de biens à venir, autorisée par les art. 1082 et 1083. Ce n'est point un droit nouveau maintenant qu'il nous faut définir. La disposition actuelle paraît au premier abord n'être que la réunion des deux précédentes ; encore cette fusion est-elle plus apparente que réelle, puisque le vœu de la loi est qu'il soit toujours possible de scinder les deux donations, pour s'en tenir à la plus favorable aux intérêts du donataire ; intérêts que le législateur avait seul en vue dans cette matière. Mais il y aurait témérité, ce nous semble, à avancer que la disposition présente n'est que la réunion des deux précédentes, car il est difficile de déterminer la nature et le caractère de la donation cumulative, réduite aux biens présents par l'effet de la séparation. Ce qu'il y a de certain, c'est que nous ne trouverons aucun droit nouveau ; nous devons nous borner à indiquer les circonstances dans lesquelles il y a fusion des deux donations, et celles qui permettront de les séparer.

La réunion peut être volontaire.

Elle peut être forcée comme suite de la déchéance prononcée par l'art. 1085.

La séparation au contraire n'est jamais que volontaire ; c'est le résultat d'une option.

Ici nous émettons une opinion controversable, en avançant qu'il ne peut être question de donation de biens présents, au cas où l'institué accepte, lors du décès de son bienfaiteur, la donation de biens à venir. Dans ce cas, à notre avis, il y a fusion des deux dispositions, ou plutôt, il n'y a qu'une institution contractuelle.

C'est ici le lieu de soulever une première controverse : selon nous, le vœu de la loi, clairement manifesté par les articles 1084 et 1085, c'est premièrement qu'il y ait lieu à succession contractuelle pure au décès de l'instituant, par suite de l'état de prospérité de sa fortune ; selon nous encore, la faculté de séparer du patrimoine entier du donateur défunt le patrimoine qu'il possédait au temps du mariage n'a été donné par la loi, que pour ouvrir au donateur un droit utile, à défaut d'un droit plus complet, à la vérité, mais éventuel ; et pour exprimer plus clairement notre pensée, nous dirons que la disposition autorisée par l'art. 1084 n'est que la reproduction de la précédente, appelée vulgairement institution contractuelle, avec permission d'y ajouter une clause dont l'effet sera, à la condition de la confection d'un état des dettes, de créer au besoin une succession partielle, si la succession normale venait à être mauvaise. En sorte que le législateur semble dire au donateur : vous promettez votre succession future, vous dont l'état de fortune est actuellement prospère ; je vous permets de faire plus encore ; que savez-vous si dans l'avenir des évènements malheureux ne viendront point grever votre

actif? Donnez votre succession dès aujourd'hui, supposons votre décès, fixons votre situation actuelle ; un état des dettes va rendre
compte de votre passif, la transcription va avertir les tiers des droits
transmis éventuellement sur vos immeubles, et si des malheurs surviennent, votre donataire sera aussi favorablement traité que si votre
décès était immédiat, ou votre dépouillement actuel et irrévocable.

Cette première décision nous fait prendre partie à l'avance dans
la question soulevée par tous les auteurs sur la nature de la disposition cumulative, dans le cas où le donataire s'en tient au patrimoine
existant au temps du mariage. On s'est demandé si les effets de cette
disposition étaient ceux de la donation de biens présents, rappelée
par l'art. 1081, ou bien s'il ne s'agissait que de la succession d'un
homme vivant, à une époque déterminée de sa vie civile. Nous nous
décidons pour cette seconde opinion et nous nous hâtons d'en examiner les conséquences : ce sera pour nous le moyen le plus simple
d'en démontrer la justesse.

Si la donation de biens présents de l'art. 1084 n'est qu'une institution contractuelle partielle , comme nous le pensons, il s'ensuit nécessairement :

1° Qu'il n'y a pas eu translation de propriété au profit de l'époux
donataire, quoique les biens soient frappés d'une inaliénabilité éven-
tuelle entre les mains du donateur ;

2° Que le donateur conserve l'usufruit sans avoir besoin de stipuler aucune réserve et que l'époux donataire ne peut demander
immédiatement la délivrance ;

3° Que les droits de mutation ne sont point dus par le donataire ;

4° Que les enfants issus du mariage auront seuls droit à la donation et qu'ils la recueillent *jure proprio*, en cas de décès de leur père,
en excluant tous autres enfants ;

5° Qu'il y a caducité de la disposition par suite de la survie de
celui qui l'avait consentie.

Nous commencerons par rejeter toute espèce de transaction ; la
raison exige que l'on adopte notre opinion avec ses conséquences,
ou les conséquences tout opposées de l'opinion contraire.

Cette concession obtenue au nom de la logique, nous demanderons si la caducité par prédécès, si l'appel des enfants issus du mariage seuls, et leur souvenance à la succession *jure proprio*, si la réserve de l'usufruit entre les mains du donateur, ne sont pas des résultats beaucoup plus en harmonie avec l'esprit des dispositions qui font l'objet du présent titre que ne le seraient des décisions opposées qui ont contre elles d'ailleurs un avis du conseil d'État au sujet des droits de mutation.

En suivant notre opinion, il y aura fusion du patrimoine au temps du mariage (ou de la donation de biens présents), dans le patrimoine entier, ou succession au décès (Institution contractuelle) :

1° Quand on aura négligé de faire un état des dettes (art. 1085);

2° Quand l'acceptation de la succession au décès offre autant de bénéfices que n'en donnait la donation des biens que le défunt possédait au temps du mariage.

Cette fusion est le vœu de la loi : la séparation des patrimoines n'est qu'une exception ; son utilité ne se fait sentir, il ne faut l'appliquer que dans l'intérêt du donataire. Cet avantage apparaît si la donation est universelle, quand le donateur, depuis le contrat de mariage, a fait plus de dettes qu'il n'a acquis de biens, ou tout au moins, et lorsque la donation est à titre universel; quand la part héréditaire, dettes proportionnelles déduites, présente un bénéfice moins fort que la donation de biens présents.

Il pourrait se faire que le patrimoine du donateur, au temps du mariage, fût désavantageux par l'existence de dettes considérables; il est incontestable que l'on ne pourrait le répudier pour s'en tenir au second ; il y aura donc nécessairement fusion dans ce cas. Dès lors on ne saurait soutenir qu'il y ait trois patrimoines à considérer :

Le patrimoine complet ou la succession du défunt ;

Son patrimoine au temps du mariage ;

Le patrimoine postérieur au mariage, déduction faite du précédent.

Il n'y a jamais lieu qu'à accepter la succession contractuelle entière, ou la donation de biens présents faite au temps du mariage.

Quand l'institution est à titre universel, nous voyons bien un intérêt à conserver la distinction tout en acceptant les deux libéralités; mais cette séparation, nous l'avons dit, ne nous paraît pas légitime. D'ailleurs, en la répétant, nous évitons de grandes difficultés d'exécution que nous indiquons aux Positions de cette thèse.

En outre, s'il peut y avoir encore intérêt à maintenir la séparation des deux donations contre un héritier testamentaire, quand les dettes sont devenues plus fortes proportionnellement à l'actif depuis le contrat de mariage, tout au contraire il y a intérêt à faire la réunion quand la proportion des dettes aux biens est devenue plus faible.

Selon nous, on ne sépare que pour *s'en tenir* (1084) au patrimoine au temps du mariage (à la donation de biens présents), et quand on ne croit pas utile de *s'en tenir* à cette disposition, il faut accepter ou répudier toute la succession, et nous rentrons alors dans une institution contractuelle pure. L'option du donataire fixe l'étendue et les effets des dispositions du contrat de mariage, et, s'il accepte la succession entière, il les réduit à une institution contractuelle pure : il légitime ainsi toutes les aliénations faites par le donateur, même des biens présents donnés au temps du mariage.

IV.

DONATIONS FAITES SOUS DES CONDITIONS DÉPENDANTES DE LA VOLONTÉ DU DONATEUR.

En faveur des contrats de mariage, le législateur ne s'est point borné à permettre, outre les donations qui dépouillent, celles qui ne dépouillent pas ; il a autorisé la dérogation complète à ce principe fondamental : que donner et retenir ne vaut. L'art. 1086 laisse la plus grande latitude aux donateurs ; il porte : « la donation *par contrat de mariage*, en faveur des époux et des enfants à naître de leur mariage, pourra être faite à condition de payer *indistinctement* toutes les dettes et charges de la succession du donateur, ou sous d'autres conditions dont l'exécution dépendrait de sa volonté, par quelque personne que la donation soit faite , le donataire sera tenu d'accomplir ces conditions, s'il n'aime mieux *renoncer* à la donation.

En cas que le donateur par contrat de mariage se soit *réservé* la liberté de *disposer* d'un effet compris dans la donation de ses biens présents, ou d'une somme fixe à prendre sur ces mêmes biens, l'effet ou la somme, s'il meurt sans en avoir disposé, seront censés *compris* dans la donation, et *appartiendront* au donataire ou à ses *héritiers*. »

Il n'y a point ici de nouveaux modes de dispositions, ni de règles nouvelles.

En dérogeant aux art. 944 et 1174 qui prohibent les conditions potestatives, puis à l'art. 946 qui donne aux héritiers les objets compris dans une donation dont on s'était réservé le pouvoir de disposer, notre article comprend deux dispositions principales qu'il faut étudier séparément.

A. Jusqu'ici, malgré la grande latitude laissée au donateur, des limites avaient été opposées à sa liberté de disposition. L'art. 1086 vient briser ces derniers liens, et le donateur ne sera plus restreint, même par le contrat. Cette modification nouvelle frappe à la fois les donations entre-vifs et les donations de biens à venir faites par contrat de mariage. Une seule précaution est prise en faveur du donataire : il pourra toujours renoncer aux effets d'un contrat de bienfaisance qui, par l'addition et la réalisation de conditions potestatives, deviendrait pour lui une cause de ruine.

Cette option donnée au donataire indique suffisamment le caractère des donations soumises à des conditions potestatives ; ce caractère est celui des donations de biens à venir ou institutions contractuelles. — Comme pour ces institutions, l'effet définitif de la disposition n'est fixé qu'à la mort.

Les donations permises par l'art. 1086 ne peuvent être reçues que dans le contrat de mariage ou dans un acte qui s'identifierait avec ce contrat par l'observation des formalités prescrites aux art. 1396 et 1397.

Elles deviennent caduques par le prédécès du donataire et de sa postérité issue du mariage, nonobstant le mot d'*héritiers* placé à la fin de l'art. 1086 sans intention de déroger aux principes de la matière.

L'addition d'une condition potestative à une donation de biens présents définie par l'art. 1081 change entièrement la nature de la disposition, à laquelle il faut appliquer les règles des institutions contractuelles ; car il s'agit ici de dispositions qui ne devront avoir d'effet qu'à la mort, qui peuvent profiter, non seulement au donataire, mais à sa postérité tacitement substituée, et qui ne sauraient être l'accessoire que d'un contrat de mariage; car, de toutes les dispositions permises par exception , c'est assurément la plus exorbitante du droit commun.

B. Cette dernière remarque doit porter aussi sur la seconde disposition de l'art. 1086. En effet, si l'objet dont on s'était réservé le droit de disposer était resté dans la masse des biens donnés , soit qu'il s'agisse d'une donation entre-vifs avec délai d'exécution jusqu'au décès, soit que la donation ne regarde que les biens à venir, il faudrait toujours appliquer, pour la dévolution de cet objet, les règles des institutions contractuelles. Rappelons ici qu'il faut se garder de confondre la réserve d'un objet désigné de la réserve du droit d'en disposer à l'avenir. Au premier cas, cet effet serait mis de suite hors la donation dont il n'aurait jamais fait partie ; au second cas, il ne serait exclu de la masse promise que par un acte postérieur d'aliénation. Le législateur, qui avait logiquement exclu l'objet réservé des biens aliénés dans les donations ordinaires (946), en vertu du principe : donner et retenir ne vaut, l'a très logiquement compris dans une donation par contrat de mariage par laquelle on peut à la fois donner et retenir.

Résumant ici notre première section, nous dirons qu'il nous paraît possible de ramener à deux modes de dispositions les libéralités autorisées par la loi au profit des époux et des enfants à naître du mariage (chap. 8, tit. 2, Cod.), ce sont :

1° Les donations ordinaires entre-vifs de biens présents, dont nous n'avons dû nous occuper que pour mémoire et aussi comme point de départ et de comparaison ; car c'est, pour ainsi dire, la donation normale, la donation-principe.

2° Les donations de biens à venir ou institutions d'héritier par contrat, et c'est là le mode dont nous avons dû principalement rechercher la nature, étudier le caractère, énoncer les effets : l'institution contractuelle est par essence la véritable disposition de faveur permise en vue des mariages.

Elle renferme en germe les trois grandes dérogations aux principes généraux des donations :

Dérogation au principe du dessaisissement des objets donnés ;

Dérogation au principe de la spécialité ou de la désignation des objets donnés ;

Dérogation au principe de l'irrévocabilité du bienfait ; et forme ainsi une disposition exceptionnelle et spéciale dont les donations dites cumulatives (art. 1084-1085) et les donations potestatives de l'art. 1086 ne sont, les unes que des modalités extensives, les autres que des restrictions.

Par là nous venons de voir quels ont été les efforts du législateur pour former une sorte de capital social au profit du ménage, de l'association conjugale de la famille nouvelle, car c'est elle que l'on avait en vue : le véritable donataire, c'était le ménage. Maintenant que la société nouvelle est dotée, il ne s'agira plus que de régler la répartition du capital entre les membres de la société en vue de sa dissolution future , et c'est l'objet du chapitre IX dont nous allons analyser les dispositions.

SECTION II.

Des dispositions permises entre époux, soit par contrat de mariage ,
soit pendant le mariage.

Pour faciliter le mariage, il ne suffisait pas de donner à l'association conjugale des conditions d'existence ; il fallait permettre d'assurer pour toute leur vie le sort de ceux qui consentaient à supporter les charges de la famille. A ce point de vue, on pourrait diviser en deux parties les dispositions d'un contrat de mariage ayant pour titre et pour objet, d'une part le capital social, l'apport, les dotations ; de l'autre la répartition du capital, les avantages et dons mutuels.

Nous nous occupons maintenant de la seconde partie du contrat, et ne devons pas oublier que les dispositions n'ont trait qu'à une époque où l'association n'existera plus : d'où cette conséquence directe que les donations consenties par un des conjoints au profit de l'autre seront faites nécessairement au préjudice des enfants à naître du mariage, s'ils doivent survivre, et à leur défaut au préjudice des héritiers légitimes, c'est-à-dire de la famille, et peut-être des enfants d'un premier mariage de chacun des époux. Cette seule réflexion suffit à faire reconnaître la sagesse des dispositions du Code, qui s'est demandé qui devait supporter les effets de la donation.

Sont-ce les enfants à naître du mariage ? Le législateur favorise les dispositions qui conserveront au survivant des époux une position indépendante, souvent même prépondérante à l'égard de ses enfants : il y a harmonie entre les clauses permises par le contrat et les droits de famille et de tutelle fixés au titre des personnes.

Sont-ce d'autres héritiers ? Ici, il faut distinguer si ces héritiers sont des enfants du donateur, issus d'un autre mariage ; la sollicitude du législateur s'éveillera en leur faveur : il faut craindre l'influence d'un second conjoint.

Ne s'agit-il que d'héritiers d'un autre ordre ? Les mêmes craintes ne sauraient surgir. D'une part, en effet, il est assez naturel qu'un conjoint assure l'existence de celui qui doit partager le même sort ; les dispositions à titre gratuit, surtout si elles ne sont qu'usufructuaires, seront favorables ; d'autre part, en ce qui concerne la nue propriété des biens, l'assistance des parents de chaque époux dans le contrat de mariage, rédigé le plus souvent sous leur influence exclusive, et la sage prescription de la loi, qui rend, après la célébration du mariage, toute donation entre époux révocable, mettront obstacle aux sollicitation captieuses d'un époux qui, à défaut d'enfants issus du mariage, objets légitimes d'une commune affection, ou même d'enfants nés d'un autre mariage, chercherait à faire passer dans sa propre famille les biens de son époux.

L'esprit du législateur en cette matière, le but qu'il a dû se proposer étant connus, il deviendra facile d'exposer les prescriptions par lesquelles il a traduit sa volonté, d'en reconnaître la sagesse, et au besoin d'en interpréter l'expression.

Ce but est donc :

1° De favoriser le mariage, en permettant aux époux d'assurer réciproquement leur sort en cas de survivance ;

2° D'assigner au nouveau conjoint la part qui lui sera faite dans les droits de la famille qui l'adopte ;

3° De prémunir le conjoint le plus faible contre l'influence de l'époux prédominant, soit que ce dernier veuille reporter la portion de son conjoint qui était déjà père avant son second mariage, sur des enfants communs, soit qu'il veuille en enrichir des enfants d'un premier lit ou sa propre famille.

Il importe avant tout de distinguer les donations faites par le contrat et les donations faites postérieurement.

Les premières (art. 1091, 1092, 1093, 1095) s'identifient avec le contrat de mariage; elles en sont une clause, une condition expresse, elles seront considérées comme les clauses de rigueur d'un contrat à titre onéreux.

Les secondes, au contraire, sont beaucoup moins favorables ; elles ne contribuent point à la conclusion du mariage ; elles peuvent être sans doute la juste récompense des soins, des bons procédés, des actes de dévouement de l'époux ; mais il faut craindre aussi qu'elles ne soient le résultat de la captation : aussi, les effets de ces dernières dispositions ne sont-ils point les mêmes (1096, 1097).

Nous aurons, en troisième lieu, à traiter de la quotité disponible entre époux (1094, 1098, 1496, 1527), quotité variable selon les circonstances, et à examiner les moyens que le législateur a pris pour empêcher que l'on éludât ses dispositions (1099, 1100).

La distribution des matières ainsi faite, traitons d'abord des donations entre époux par contrat de mariage.

I.

DONATIONS ENTRE ÉPOUX PAR CONTRAT DE MARIAGE.

Pour apprécier toute l'étendue des dispositions du législateur, il peut être utile d'observer que si les donations, comme nous l'avons dit, sont clauses et conditions d'un contrat considéré comme fait à titre onéreux, parce qu'il donne les moyens de supporter les charges du ménage, les clauses ordinaires du contrat peuvent elles-mêmes, à l'opposé, équivaloir à des donations, et elles seront traitées comme telles en plus d'une circonstance (1496, 1527).

Quelles seront les donations permises entre époux? Ce seront celles qui ont été introduites en leur faveur dans le chapitre VIII du présent titre. Mais il résulte de leur but même, qui est d'avantager l'époux survivant, des dérogations aux effets ordinaires de ces dispositions. Ici, point de substitution vulgaire tacite au profit des enfants qui succèderont naturellement à leur père ou mère donateur, au lieu d'être substitués vulgairement à l'institution de l'autre époux donataire prédécédé (1093).

Par contrat de mariage, les donations entre époux peuvent être et sont en fait le plus souvent réciproques (1093). La position des époux est alors libre et indépendante de toute influence personnelle. Après la célébration du mariage, au contraire, les donations ne pourraient plus être mutuelles et réciproques (1097); il faut assurer la liberté des donateurs : d'ailleurs l'appât du bien d'autrui rendrait trop facile le sacrifice du sien, d'autant plus que les héritiers supporteraient seuls les conséquences de l'acte de libéralité.

La survenance d'enfants ne révoquerait point les donations entre époux, même celles de biens présents. Les enfants ne seront point frustrés de ces biens, seulement ils ne les recueilleront que dans la succession du dernier mourant, s'il se trouve être le donataire.

Les époux peuvent aussi se faire des donations de biens présents

(1081), des donations de biens à venir (1082-83), des donations cumulatives (1084, 1085).

Et remarquons que les époux, surtout s'ils peuvent craindre la diminution d'un patrimoine florissant au temps du mariage, feraient, en vue des enfants à venir, un acte de prudence, en s'instituant mutuellement héritiers universels l'un de l'autre, dans les termes de l'art. 1084 ; car les enfants, par suite de cette disposition, seraient assurés d'hériter de leur réserve dans les biens que le premier mourant des père et mère possédait au temps du mariage, puisqu'ils feraient faire le rapport par leur père ou mère survivant.

Peut-être même serait-il permis d'avancer qu'une clause spéciale pourrait appeler les enfants, à défaut de l'époux prédécédé, à la succession du dernier mourant, nonobstant l'art. 1093, qui nous semble moins interdire formellement l'insertion de la clause, que déclarer qu'elle ne sera point tacite comme dans les donations faites à un époux par des étrangers; et, dans ce cas, les enfants hériteraient encore, dans notre espèce, de la fortune que le dernier mourant possédait au temps de son mariage. Mais celui-ci aurait pu dissiper la portion de l'héritage qu'il aurait recueilli dans la fortune de l'époux prédécédé, et cette part serait d'ailleurs le gage de ses créanciers.

Nous verrions donc une grande utilité, pour les enfants à naître du mariage, dans la stipulation d'une donation cumulative réciproque et universelle entre époux, avec clause expresse de substitution vulgaire au profit des enfants.

Si ces donations ne sont point révocables par survenance d'enfants, elles sont, quelle que soit leur nature, et quand même elles résulteraient des combinaisons pécuniaires du régime de l'association, réductibles à la quotité disponible qui, entre époux, est toute spéciale.

C'est ici le lieu de rappeler que toute clause du contrat de mariage qui aurait directement les enfants à naître pour objet serait nulle. Un des futurs époux pourrait, bien moins encore qu'un étranger, disposer directement par contrat de mariage au profit de l'un de ses enfants, ou changer les règles de successibilité des enfants entre eux ou des parents aux enfants.

Quant à la donation des biens présents, elle emporte dessaisissement, même en cas de réserve de l'usufruit, au profit de l'époux donataire et par suite de ses héritiers, à moins que la clause de survie n'ait été stipulée ; en outre, l'époux pourrait sans doute, lui aussi, faire la donation, en la grevant d'une substitution au profit des enfants à naître, et, depuis la loi de 1826, la substitution pourrait être faite au profit de l'un des enfants seulement, du fils aîné, par exemple, et à deux degrés.

Toutes ces donations pourront être faites par un mineur (aux termes de l'art. 1095), pourvu que ce soit avec l'assistance et l'assentiment de ceux dont le consentement est requis pour la validité du mariage, quand même ces ascendants ne seraient point les tuteurs de l'enfant, qui est considéré comme majeur dans cette circonstance.

II.

DONATIONS ENTRE ÉPOUX APRÈS LE MARIAGE.

Le mariage est conclu, le vœu du législateur, celui de la société, sont accomplis, dès lors on va restreindre la facilité de disposer.

La capacité ne sera plus aussi grande, car on rentrera dans les limites ordinaires.

Dans les deux articles 1096 et 1097, qui donnent le texte principal de la matière, deux règles spéciales ont été posées :

L'une déclare révocable toute donation faite entre époux pendant le mariage, et cette révocation serait faite par la femme sans l'autorisation du mari (art. 1096). Pour éviter toute fraude à ce sujet, la loi défend les actes de vente entre époux (1595), et déclare, en outre, qu'entre eux la prescription ne saurait courir (2253).

La seconde disposition, renouvelée de l'article 968 sur les testaments, défend aux époux de se faire aucune donation mutuelle et réciproque par un seul et même acte.

Par un autre retour aux règles ordinaires des donations, celles de biens présents, faites pendant le mariage, ont besoin d'être acceptées.

Elles pourraient être faites, même par acte entre-vifs, à titre universel, d'une partie des biens que le donateur laissera à son décès.

III.

DE LA QUOTITÉ DISPONIBLE ENTRE ÉPOUX.

Si l'on consulte nos mœurs, il sera vrai de dire, à bien des égards, que le plus proche parent d'une personne mariée, c'est son conjoint; et cette position que nos mœurs ont faite à l'époux dans la vie sociale comme dans la vie privée, nos lois ont permis de la lui faire aussi dans la vie civile et juridique ; mais tout en désirant que la communauté, l'égalité la plus parfaite des droits viennent fortifier l'intimité des époux, le législateur laisse toute la latitude nécessaire pour que, selon la position morale des parties, l'autorité maritale conserve toute sa force par la centralisation, aux mains du mari, de tous les moyens de direction ou d'action, ou que ces liens soient au contraire relâchés pour créer l'indépendance de fortune de la femme. Telle paraît être l'économie du Code civil, au chapitre du contrat de mariage. De plus, tandis que le partage égal des successions, et par suite l'égalité fréquente de fortune des époux, entraînait comme conséquence immédiate le transfert de la fortune sur des enfants à la mort du père et de la mère, et leur indépendance du conjoint, il s'est efforcé de conserver à ce conjoint survivant, souvent investi de la puissance paternelle et chargé de la tutelle, les mêmes moyens d'action et de direction qui appartenaient aux époux réunis. De là les clauses permises par contrat de mariage entre les conjoints qui forment la seule, l'unique dérogation aux droits de réserve, c'est-à-dire aux droits de la filiation. Il est donc vrai de dire que, dans la pensée du Code, une personne peut encore passer avant les enfants, et cette personne, c'est le conjoint.

Nous avons à tracer ici des règles particulières de disponibilité ; ces règles, on ne peut le révoquer en doute, ont été introduites en faveur est époux, bien que dans une circonstance, et c'est lorsqu'un seul enfant est issu du mariage, ils puissent recevoir moins qu'un étranger.

La quotité disponible reste la même, que la disposition ait été faite par contrat de mariage ou pendant le mariage (1094, 1092.)

Le conjoint survivant est d'abord, en l'absence de toute disposition faite en sa faveur, l'un des successeurs irréguliers, aux termes de l'article 767. Il a donc droit à la succession aux biens *ab intestat*, à défaut de parents aux degrés successibles et d'enfant naturel.

Pour fixer les droits qu'il est permis de concéder à un époux de secondes noces, il faut se demander s'il existe des enfants d'un premier lit et baser sur ce fait une importante distinction.

1er Quotité disponible entre époux lorsqu'il n'existe point d'enfant d'un premier lit.

La position du conjoint donataire est alors favorable, car c'est un père, une mère survivante investie peut-être encore de la puissance paternelle sur les enfants issus du commun mariage; ou bien le survivant est un conjoint veuf et sans enfants que l'époux mourant doit naturellement préférer à des parents éloignés.

Il y a lieu toutefois de sous-distinguer encore, car le conjoint qui prédécède peut laisser pour héritiers des enfants issus d'un commun mariage, héritiers réservataires; des ascendants également héritiers à réserve; des parents non réservataires.

Si ces erniers sont seuls appelés à la succession d'après les principes généraux, on pourra disposer de la totalité de ses biens en faveur de son conjoint.

S'il existe des ascendants, on pourra disposer en faveur du conjoint de l'usufruit de la quotité des biens réservés. Cette disposition est généralement regardée comme mal conçue, puisqu'elle enlève à des parents âgés un usufruit qui peut leur être nécessaire pour ne leur laisser qu'un droit de nue propriété qui sera en fait illusoire, à moins que les ascendants ne se décident à le vendre à rente viagère; de plus l'existence de frère et sœur du défunt, en écartant les ascendants de la succession, rendrait inutile leur droit de réserve (articles 915-750-916 combinés); mais si tous les frères ou sœurs renonçaient, les ascendants venant en ordre utile à la succession exerceraient leur droit de réserve. On peut encore regarder ces dispositions comme fâcheuses, car elles invitent à la fraude ; les frères du défunt qui sont héritiers de l'ascendant réservataire s'entendront avec lui pour renoncer, tandis que le conjoint donataire survivant cherchera de son côté à désintéresser l'un des frères à la renonciation.

On s'est demandé si l'extension du disponible en faveur de l'époux et au préjudice des ascendants pouvait profiter à des étrangers; il nous paraît hors de doute d'abord que l'on ne pourrait, en ne donnant rien à l'époux, disposer de la quotité disponible créée en sa faveur, au profit d'un étranger; hors de doute encore que, si l'on avait disposé avant le mariage de la quotité disponible ordinaire, on pût donner à l'époux l'usufruit de la quotité réservée aux ascendants. Mais pourrait-on postérieurement au mariage donner à l'époux seulement l'usufruit de la réserve et à un étranger le disponible ordinaire ? C'est ce qui forme question : dans tous les cas l'époux donataire de l'usufruit doit donner aux ascendants nu-propriétaires caution usufructuaire.

A l'égard des enfants issus du mariage, quel qu'en soit le nombre, la quotité disponible en faveur de l'époux est la même, et il résulte de la comparaison de l'art. 1094 avec les dispositions des art. 913 et 915, que la quotité disponible en faveur de l'époux est tantôt supérieure, tantôt inférieure à celle dont on pourrait investir un étranger ; elle est pour le conjoint donataire et survivant d'un quart en *propriété* (par ces expressions nous entendons la pleine propriété), et d'un quart en usufruit, ou, ce qui est moins, de la moitié en usufruit seulement. Des dispositions plus considérables ne seraient point nulles mais réductibles. Et si le legs ou la donation étaient du disponible en général, le conjoint aurait droit au plus fort disponible ; mais il en serait autrement si le legs était fait sous forme alternative; l'option appartiendrait alors, d'après les principes du droit, à l'héritier débiteur.

Des difficultés assez graves s'élèvent quant à la disposition des quotités disponibles lorsqu'elles sont différentes. A cet égard, faisant remarquer que si les quotités disponibles étaient égales il importerait peu qu'elles fussent données à l'époux ou à un étranger, nous croyons pouvoir avancer que, lorsque les quotités sont inégales, il importe peu de savoir à qui a été donnée la partie égale ou commune; mais quant à l'excédant du plus fort disponible sur le plus faible, il ne peut être donné qu'à celui pour qui ce plus fort disponible a été institué ; de telle sorte, qu'il ne soit donné à chacun que ce qu'il pouvait recevoir, et aux deux réunis que la quotité la plus forte. C'est ainsi que l'héritier conservera toujours intacte sa plus faible réserve. — Si cette mesure est dépassée, il y aura lieu, d'après les règles ordinaires, à opérer la réduction, et l'appréciation de l'usufruit, quand elle devient inévitable , pourrait être portée à la valeur de la moitié de la pleine propriété.

2. Quotité disponible dont peut faire donation à son nouveau conjoint le mari ou la femme qui ont des enfants d'un précédent mariage.

Il faut d'abord rapprocher de notre texte (art. 1098) les articles 1496 et 1527 du chapitre du contrat de mariage.

La disposition de l'art. 1098, suggérée par la loi *hac edictali*, loi 6, au Code, *de secundis nuptiis*, avait été introduite dans notre législation par l'édit de secondes noces ; le Code l'a maintenue en étendant la prohibition aux veufs qui se remariaient, et en limitant dans tous les cas au quart des biens la part d'enfant le moins prenant : restriction que l'édit n'avait point faite. — Ici encore nous retrouvons des quotités disponibles différentes, et nous déciderons toujours que l'excédant de la quotité la plus forte ne peut être donné qu'à celui pour qui la loi en a permis la disposition, et dans le cas de l'art. 1098, ce serait un étranger. Il pourrait être fait, sans violer ces règles, à un second , puis à un troisième, puis à un quatrième conjoint le don d'une part d'enfant le moins prenant, jusqu'à concurrence du disponible général fixé par l'art. 913.

Si la donation faite par l'époux remarié à un second conjoint est faite sous la forme d'un don d'une part d'enfant, il s'ensuit nécessairement que le don est fait à cause de mort , qu'il est caduc par prédécès, déterminable à la mort du donateur, pouvant jusqu'à cette époque s'accroître jusqu'au quart ou diminuer par la naissance d'enfants issus du mariage.

Pour déterminer l'étendue des dons faits à un époux de secondes noces, on ne se borne pas à imputer sur la quotité disponible les donations proprement dites ; on considère encore comme tels tous les avantages, quels qu'ils soient, qui ont pu résulter pour lui du contrat de mariage ; on discutera la communauté, l'origine de son passif et de son actif, les clauses et stipulations réciproques ; la confusion opérée par l'association sera comme non avenue entre les époux, car il ne faut point perdre de vue que le législateur combat ici une fâcheuse tendance ; il importe d'atteindre les avantages faits par des moyens indirects.

La réduction des dispositions excessives ne peut être demandée que par les enfants du premier lit; mais ceux du second en profiteraient aussi : autrement la réduction serait, pour les enfants issus d'un premier mariage, non seulement un moyen de ne pas être dépouillé, et c'est uniquement ce que le Code a voulu, mais encore un moyen de réaliser des bénéfices, puisque la partie réduite du capital serait partagée entre eux, à l'exclusion des enfants du second lit, qui ont des droits héréditaires égaux. Cette réduction ne saurait être demandée par des créanciers, des légataires, ni des donataires qui ne doivent point en profiter. Elle n'a lieu que pour établir, en famille, un règlement de l'actif. Toutefois, bien que le rapport des donations antérieures ne soit pas dû au conjoint, il en profite néanmoins lorsqu'elle est faite à la requête des enfants.

Le prédécès de tous les enfants du premier lit changerait la quotité disponible à l'avantage de l'époux de secondes noces ; elle s'étendrait alors, selon nous, jusqu'aux limites de la quotité disponible permise en faveur d'un premier époux (1094); en outre, le décès de tous les enfants issus du mariage commun assimilerait, quant aux donations, la position de l'époux à celle d'un étranger, en exceptant le cas où l'autre conjoint laisserait pour héritier des descendants réservataires. S'il avait été fait par le second contrat de mariage donation d'une part d'enfant, on présumerait toujours, en l'absence de toute postérité, que l'époux donateur n'entendait assurer que le quart, quotité la plus forte qu'un époux de secondes noces pût recevoir en vue d'enfants à naître de l'union.

Le législateur, après avoir déterminé quelles donations pouvaient être faites, s'est efforcé, dans les articles 1099 et 1100, d'atteindre les dispositions frauduleuses; il prévoit les cas de donation indirecte, de donation déguisée, de donation faite par personnes interposées; il prononce la nullité pour les deux dernières, et établit une présomption d'interposition dans le cas où la donation serait faite à certains parents du conjoint.

On peut se demander d'abord si une démarcation bien tranchée est facile à établir entre les donations déguisées, les donations par personnes interposées et les donations indirectes, ou si plutôt toutes ne sont pas indirectes de leur nature. On doit se demander surtout s'il y a lieu de prononcer la nullité des uns pour le tout, et la simple réduction pour les autres. La jurisprudence de la Cour de cassation, sur l'article 911, nous force de reconnaître qu'il y aurait lieu seulement à réduction de la donation indirecte ou déguisée pour la replacer dans les limites assignées aux donations directes.

L'interposition est présumée quand il s'agit des personnes désignées dans l'article 1100, et l'enfant naturel nous paraît y être compris; de plus on pourrait encore la prouver si elle avait eu lieu par l'entremise d'autres personnes, mais cette preuve, à la différence de la présomption, pourrait être combattue.

Telles nous ont paru être les motifs et les règles des dispositions permises en faveur, en vue ou à l'occasion du mariage.

Nous posons, en finissant, quelques unes des nombreuses questions soulevées en cette matière.

POSITIONS.

I.

Une institution contractuelle, ou donation de biens à venir, si elle n'est qu'à titre universel, ne fait point perdre le droit de faire à l'avenir des donations entre-vifs.

II.

Si un premier institué pour moitié, un donataire entre-vifs et un second institué pour moitié, tous trois ayant droit dans cet ordre, d'après les dates de leurs contrats, se présentent à une même succession, le second institué supportera seul la donation.

III.

Un institué à titre universel de date récente ne peut profiter du rapport d'une donation faite à la requête d'un institué premier en date ou d'un réservataire.

IV.

Une institution à titre universel, dans le cas de l'existence d'une réserve, doit s'entendre d'une fraction de la quotité disponible.

V.

Un institué à titre universel et un héritier testamentaire supporteraient les réserves proportionnellement.

VI.

Ainsi un institué contractuellement à titre universel, quand il est le dernier donataire en date, supportera :

1° Les réserves, proportionnellement avec les autres institués antérieurs en date et les héritiers testamentaires ou légitimes ;

2° Les institutions contractuelles antérieures pour leur part nominale, sans jamais réduire cette part par le concours de la sienne ;

3° Toutes les donations entre-vifs antérieures à un contrat de mariage, et ces donations pourront épuiser toute la part héréditaire qui lui était assignée.

VII.

Le donateur de biens à venir ne peut stipuler, en cas de prédécès de l'époux donataire, la faculté de distribuer inégalement ces biens entre les enfants qui seront nés du mariage.

VIII.

Dans une donation de biens présents et de biens à venir entre époux, on peut, par une clause expresse, substituer vulgairement les enfants à naître.

IX.

L'adoption d'un enfant par l'époux donataire qui prédécède n'empêche pas la caducité d'une institution contractuelle.

X.

Un mineur capable de tester et une femme mariée non autorisée ne peuvent faire une institution contractuelle.

XI.

La femme mariée sous le régime dotal peut, avec autorisation, disposer par institution contractuelle même de ses biens dotaux inaliénables.

XII.

Un mari peut, postérieurement au mariage, donner à sa femme l'usufruit de la réserve des ascendants et le disponible ordinaire à un étranger.

XIII.

Toutes les fois qu'il y aura concours de deux quotités disponibles différentes, il doit suffire que le réservataire ait la plus faible réserve, et que chacun des donataires ne reçoivent pas au-delà de ce qui est permis de lui assurer.

XIV.

En cas de second mariage, l'inégalité des revenus capitalisés et partagés au décès de l'époux le plus riche ne forme pas un avantage sujet à imputation sur ce qu'il était permis de donner au conjoint de secondes noces.

XV.

La réduction des donations faites par un époux à son second conjoint, opérée sur la demande des enfants d'un précédent mariage,
profite à tous les enfants indistinctement.

XVI.

L'époux remarié peut donner une part d'enfant à plusieurs conjoints successifs, pourvu que les donations réunies n'excèdent pas
le quart des biens.

XVII.

Si tous les enfants prédécédaient dans le cas de donation d'une
part d'enfant, il faudrait apprécier l'intention du donateur pour
savoir s'il n'a voulu donner que le quart.

XVIII.

La quotité disponible entre époux est de la totalité des biens si
l'époux donateur laisse à là fois des ascendants et des frères et
sœurs.

XIX.

Les créanciers de l'époux donateur par contrat de mariage, s'ils
sont postérieurs à la donation, ne peuvent exiger leur paiement sur
les biens donnés.

XX.

L'institution contractuelle ne devient point caduque par la mort
civile de l'instituant.